Tito

por Robert Newell

ilustrado por Melissa Iwai

Scott Foresman

Oficinas editoriales: Glenview, Illinois • New York, New York
Ventas: Reading, Massachusetts • Duluth, Georgia
Glenview, Illinois • Carrollton, Texas • Menlo Park, California

Tito cuidaba el maíz. Oyó algo.
¿Sería algún hombre?

¡No! Eran las vacas.
¿Qué haría Tito?

Tito tenía que hacer algo.
¡Fuera de aquí!

Las vacas se fueron.

Tito oyó algo.

¿Sería algún hombre?

¡No! Eran los mapaches.

¿Qué haría Tito?
¡Fuera de aquí!
Los mapaches se fueron.

Tito oyó algo.
Eran los cuervos.

¿Qué haría Tito?
¡Fuera de aquí!
Los cuervos se fueron.

Nadie está aquí.
Todos se fueron.

Tito está solo.
¿Qué haría?

—¡Regresen! —dijo Tito.

Las vacas regresaron.

Los mapaches regresaron.

Los cuervos regresaron.

¡Qué bien!